Diet Motivation Book

痩《や》せにゃいわけない辞典

にゃんこダイエットモチベーションブック

はじめに

どのページを開いても、ダイエットのモチベーションがアップします！

皆さん、ダイエットしていますか？　痩せないといけない、と思っていますか？　明日からこれまでの生活を変えて、食べるものを減らし、運動して汗をかこうと思っていませんか？

当たり前のことですが、毎日の生活は連続しているのです。それが今のあなたの身体を作っています。突然、別人にはなれないように、急にすべてを変えてうまくいくはずがありません。

何より「～を食べてはいけない」「運動しなければならない」と制約と義務感が多いダイエットは大きなストレスを生みます。

ダイエットを成功させるには、どうしても食事の量や身体活動を見直さなければなりません。

一度にではなく、少しずつでも変えていって持続することが成功の秘訣《ひけつ》です。

運動による消費だけで痩せるのはかなり困難です。そして甘いもの、砂糖や脂肪には依存性があります。一度に断ち切るのは困難ですが、何か他のものに

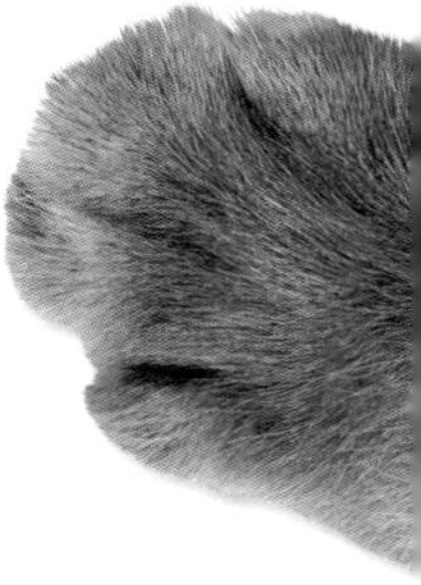

置き換えるなど工夫をしてください。

四字熟語は、目標の目安となります。漢字四文字を声に出すことで、決意を新たにダイエットに取り組むことができます。

どうしても我慢ができない、という時の打開策が、「かわいい動物と触れ合う」こと。幸せホルモンと呼ばれるオキシトシンは、ほかの人や動物に愛情を感じた時などに分泌され、癒やしや幸福感をもたらしてくれます。この本でかわいいネコの写真を眺めれば「ほんわかとした」気持ちになることで、日々のストレスを癒やしてくれるはずです。

ダイエットが、「今日は面倒」、「もう無理」、「我慢できない」、という時、この本を開けばどのページにもかわいらしいネコの姿が。ほっこりしてから、四字熟語で脳を新たに刺激し、解説やアドバイスを読むことで、ダイエットを軌道修正することができます。

ダイエットは、英語では本来「食事」そのものの意味。ライフスタイル全体を「太らない」「健康で」「気持ちのいい」ものにするために、この本を側に置いてください。

この本はダイエット成功のためのパートナー、大事なペットなのです。

もくじ

「明日から」そう言うデブに明日はない

ポイント

目標設定とその理由を明確化する

なぜ痩せたいのかを意識することから始めましょう。成功の大前提は、食べるものと消費カロリーを安定させること。

そのために生活を変え、それを定着させることが必要です。

無理なく続けられることからスタート、健康に痩せるライフスタイルを作り上げるのが最終的な目標です。

そのためには、今からできることをリストアップし、痩せてどんな自分になりたいのかを、明確にイメージし続けることです。

（p108からのダイエットサクセスノートを活用してください）

アドバイス

痩せたい理由を5つ書き出します。スマホでもノートでも、いつでも見られるようにしておきます。そのために、することをできるだけ具体的に10書き出します。無理そうなものから順位をつけます。一番簡単と思われるものを、今日から始めましょう。

たとえば、ものを食べる前に、「私は痩せる」と5回心の中で言う。歩幅を意識して大股にしてみる、など。まずは小さなことでいいのです。

一念発起

【いちねんほっき】
今までの心を改めてある事を成しとげようと決心すること

急激な減食は逆効果。代謝が下がってかえって痩せにくくなる

ポイント

基礎代謝を保っ

断食などで急激に摂取カロリーを減らすと、脳や肝臓の働きが低下し、筋肉量も減り、**基礎代謝**が減ってかえってリバウンドを起こしやすい身体になってしまいます。
逆に急に強度の高い運動をしても、代謝は上がらず、食欲が亢進《こうしん》して逆に体重が増える、ということにもなりかねません。

アドバイス

目標は高くてもいいのですが、短期間で達成しようとすると逆効果。まずは、簡単にできる小さな決まり事を5つ決めて、やってみましょう。たとえば、
❶一日1回起きた時に**体重計**にのる。
❷食事は野菜から食べる。
❸階段を1階分あがる。
❹間食をスナック菓子から煎餅にする。
❺腕を肩より上にあげて深呼吸を5回する。
など。

日進月歩

【にっしんげっぽ】
たえまなく、どんどん進歩すること

甘えを捨てろ
甘いものを捨てろ

ポイント

菓子類、スナック菓子はダイエットの大敵

スナック菓子は20gで100kcal前後。
それほどではないと思うかもしれませんが、
一度袋を開けると、どうしても持続的に食べてしまいがち。
甘さや塩分の刺激もあって習慣になってはいませんか？
スマホやテレビを見ながらだと気づかないうちに余計にたくさん
食べてしまうことになります。
一週間にどれくらい食べているか、空袋をためて集計してみましょう。

アドバイス

一度にお菓子を一切食べなくする、というのは困難かもしれません。お菓子を見えるところに置かないようにする。一日分を小分けにする。週に、1回、2回と食べない日をつくる。一粒、ひとかけらを意識して味わうようにする、買う時には**小分け**になっているものを買うなど、ドカ食いを避ける工夫をすることから始めては。目標はスナック菓子ゼロです。

一意専心

【いちいせんしん】
他に心を動かされず、
ひたすら一つのことに
心を集中すること

服じゃない、自分の体が醜いのよ

ポイント

現実を直視する

本当の自分を直視するのはつらいものです。

認知的不協和といって、

「痩せるには我慢しなければならない」と
「美味しいものを食べたい」という矛盾する認知があると、

「美味しいものを少し食べれば大丈夫」

「明日からやるから大丈夫」

とつじつま合わせの自己正当化をしてしまうのです。

アドバイス

ダイエットで決めたことをサボる自分を正当化していては、いつまでたってもダイエットはうまくいきません。鏡で自分の身体を真正面から見る習慣をつけましょう。モデル体型にはなれなくても、毎日見ることで問題意識は持続できるはず。写真を撮っておくのも効果が目に見えるので持続のモチベーションになります。成功のイメージも忘れずに。

気炎万丈

【きえんばんじょう】

盛んな意気ごみで話すこと

今の自分を認めるから痩せるんだ

ポイント

自己否定はかえってマイナス

今の自分が嫌だから痩せようとするのでは？と思うかもしれません。

でも自分に対するネガティブな意識は、新たな行動へのモチベーションを下げてしまう危険性があります。

今の自分はこれまでの自分の積み重ねです。まずはそれを受け入れ、そこから「どうやってよりよい自分になるか」を考えるようにしましょう。まずは**深呼吸**してリラックス。

アドバイス

深呼吸を習慣にしましょう。何も考えず（それが難しいなら、南の島のビーチなど自分が解放されるようなシーンを想像して）鼻からゆっくり深く息を吸い、その倍の時間をかけて口から吐く。肩の力を抜き、頭のてっぺんから吊り下げられているようなイメージで。朝晩やるようにすればよりリラックスできるはず。日中も深い呼吸を意識してみて。

明鏡止水

【めいきょうしすい】

邪念のない、落ち着いた静かな心境

過去と他人は変えられない、未来と自分は変えられる

ポイント

いいイメージをもつこと

脳は、実際に起こったことと、脳内で鮮明にイメージされたことを区別して認識することができないと言われています。痩せることでどのような自分になるのか、どのような未来になるのかという部分までイメージを作ることで、より目標達成に向けて効率性が増すと考えられます。目標やアイデアをできるだけ具体的にイメージすることを**「視覚化」**といいます。

アドバイス

スマホに自分のあこがれるモデルや女優、インフルエンサーの**ボディ画像をコレクション**、食事の前や仕事の合間に眺めることで、脳に美しいイメージを入力します。美しいもの、自分が目指す方向を常に目に入れて意識しましょう。これまでの太った自分を変えるのは、大仕事。味方は美意識です。

疾風怒濤

【しっぷうどとう】
時代が激しく動き、大きな変化が起こること

ストイックすぎは長続きしない

ポイント

我慢ではなく、変化なのです

我慢していると思うと、人はストレスを感じます。過度のストレスは自律神経の乱れにつながり、心身の不調でダイエットどころではなくなってしまうことにもなりかねません。食べるのを我慢する、我慢して運動する、ではなく、**未来に向けた投資**、きれいになるための変化、その実現のために行動する「かっこいい自分」をイメージしましょう。小さなことにくよくよせず、ダイエット成功を目指すのです。

アドバイス

ダイエットの具体的目標を立てる時に、スナック菓子を食べない、ご飯のおかわりはしない、など「～しない」という否定語を使うのはやめましょう。お菓子を一日1回にする。野菜から先に食べる。一日1回駅の階段を上り下りする。週に3回は湯船につかる、など「～する」という**ポジティブな目標**にしましょう。

泰然自若

【たいぜんじじゃく】

緊迫した状況にあっても常に落ち着き払っていて冷静な様

脂肪は言い訳の塊

ポイント

脂肪燃焼がダイエット成功のポイント

脂肪は人間が生存するためのエネルギーを貯蔵するためのもの。飢餓時代の長かった人間は、入ってきた栄養分を、栄養を摂取できない時のためにためておこうとします。身体に必要な脂肪ですが、現代はそれが多すぎることで肥満へと至るのです。

身体に必要な栄養をバランスよく摂り、余分な脂肪は身体活動によって**燃焼させる**ことがダイエットの基本です。

アドバイス

筋トレによって成長ホルモンを出し、**有酸素運動**で効果的に脂肪を燃焼させる。理論ではそうですが、ジムでダンベルを持ちあげて、その後はランニング、というのを日常の習慣にするのはハードルが高いかもしれません。家で、食事のあとに**自重(自分の体重)**を使ったスロースクワットや、お風呂の後にストレッチなどを行い、散歩で早歩きなどをまずは週に1回から始めてみては。

改過自新

【かいかじしん】

過ちを改めて心を入れかえること

空腹は脂肪の断末魔

ポイント

空腹時には長寿遺伝子が活性化

空腹になると**長寿遺伝子**と呼ばれるサーチュイン遺伝子が活性化し、活性酸素を除去するとともに、胃からグレリンというホルモンが出て脳を刺激し、記憶力や思考力が高まるという研究があります。空腹を感じたからといって、すぐに食べ物（特に甘いもの）に手を出さず、長寿遺伝子が活性化していることをイメージしてみましょう。目指すものがはっきりしていれば、効果も上がるはずです。

アドバイス

「**8時間ダイエット**」は、一日の食事を最初の食事から8時間以内ですませ、16時間は栄養を摂らない、というもの。エビデンスは確立していませんが、重度肥満や糖尿病患者に効果あり、という研究発表があって健康な人でも取り入れる人が増えているようです。とはいえ、時間を空けることで、必要な栄養が不足することは避けたいもの。栄養バランスの取れた食事と食べない時間の水分補給は忘れないように。

勇往邁進

【ゆうおうまいしん】

自分の目指すものに向かって、
臆することなく
一心に突き進んでいくこと

体型が変わると、人生が変わる

ポイント

自分の体型タイプを認識する

今の自分は遺伝十これまでの生活習慣でできている。筋肉質でがっしり、やせ型でのっぺり、むっちりのむくみ型など筋肉量、脂肪量などのバランスが異なります。**体型に合ったダイエット法**を取り入れることが、成功のポイントです。

自分のタイプを見極めて、より効果的な食事と運動を続けましょう。

アドバイス

がっしり型ならストレッチと野菜多めの食事、のっぺり型は筋トレとたんぱく質多めの食事、むっちり型は有酸素運動と雑穀など繊維の多い食事、とおおまかな方針を設定、そこから具体的な方法を取り入れていきます。もちろん、上記の運動や食事はすべての人に必要ですが、重点ポイントを決めるが第一歩です。あとは、じっくり続けてください。

初志貫徹

【しょしかんてつ】

最初に決めた志を最後まで持ち続ける

太りたくないなら、食べ物のない子供のことを考えなさい

ポイント

被害者意識を捨てる

「食べ物のない子供のことを考えなさい」は、ユニセフの活動に熱心だったオードリー・ヘプバーンの言葉といわれています。

食べるのを我慢していると、どうしても自分がかわいそうと思ってしまい、ストレスになりがち。

発想の仕方を変えることで自然にダイエットスタイルを定着させられます。

想像力を働かせて、食欲を発散させせましょう。

アドバイス

空腹を満たすために、無意識に口に入れ飲み込むのではなく、食べ物を作った人、運んだ人、栄養になってくれる食材に思いを馳せ、感謝の気持ちを持ってみましょう。一口をよく噛んで味わい、食べ終わった後も余韻を味わうことで、食に対する意識が高まり、ドカ食いやむら食いがなくなります。

心頭滅却

【しんとうめっきゃく】

無念無想の境地に達すること。

雑念を排して集中する

思うだけで痩せたらデブは存在しない

ポイント

短期集中には限界がある

絶食に近いダイエットは、体重は減っても長続きしません。食事を減らすことによる体内の水分量の減少で**短期的に体重が減ったように**見えるだけ。

また、筋肉内のたんぱく質が消費されてしまうため、筋力低下、筋肉量の減少、より太りやすくなるという負のスパイラルに陥ります。絶食や、サウナで脱水して体重減ではなく、先にあるダイエット成功を見据えましょう。

アドバイス

絶食はもちろん、極端な食事制限はダイエットの天敵なのです。大切なのは、**バランスと持続**です。食事で余計な部分をカットし、運動で消費エネルギーを増やすとともに筋肉量を維持・アップして代謝を上げる。ライフスタイルを短期の減量ではなく、「痩せてキレイになる」方向にシフトチェンジするというトータルな計画を立てましょう。

万里一空

【ばんりいっくう】

目標を見据えて、たゆまず努力を続ける

ダイエットに王道なし

ポイント

運動習慣をどう定着させるか

スポーツジムに行く、ランニング、テニスやゴルフなどアウトドアで身体を動かす。それを定着させるのはなかなか大変。日常生活で筋肉に負荷をかける運動から始めましょう。階段を一段抜かしして上がる。床の物を取る時に深く膝を曲げる、など**普段の生活にプラスアルファ**するような習慣をつけましょう。小さな努力も積み重ねれば大きな効果に。

アドバイス

真夏の暑い時はきついので、それ以外で仕事や学校の帰りに一駅分歩く。周囲の植物を観察する、知らない道を歩いてみるなど脳にも刺激をあたえながら歩いてみましょう。最初は週1回から。家ではテレビCFの間に椅子につかまってゆっくりとしたスクワットを。お菓子を取りに行くのも減ります。洗濯物を取り込む時に肩甲骨を動かしたり、足を後ろに上げたり下げたり、など。短時間でも筋肉を刺激しましょう。

駑馬十駕

【どばじゅうが】

才能の貧なる者も努力次第で多才な人間に並ぶことができる

どんなに美味しい食べ物も痩せているという快感には敵わない

ポイント

毎日のストレスを美しく痩せる快感に

順天堂大学の研究で、ダイエットをしている女性は、肥満だと思う体重が、ダイエットをしたことのない女性より2・5kg低く、よりストイックだが、ストレスを感じると食事の量が増える、という調査があります。

一方で「少食で運動不足」の若い痩せ型女性は、肥満者と同様に糖尿病リスクが高い可能性が指摘されています。食事を減らして体重を減らすだけでは健康リスクが増えることにもなりかねません。

アドバイス

ストレスの対処法をダイエットにつなげます。姿勢を整えて深呼吸する。拳をぎゅっと握り、緩める。オフィスの階段を上り下りする。食事を1品カロリーの低いものに変える。寝る前に今日よかったことを思い出しながらストレッチする。などなどを加えることで生活をダイエット方向にソフトチェンジ。工夫を考えるだけでも、一歩前進です。

磨斧作針

【まふさくしん】
どんな困難も少しずつでもやり続ければ必ず最後には成し遂げられる

やらない言い訳はたくさん、実行はするかしないか

ポイント

少しくらいじゃ変わらない↓少しの積み重ねで変わるんだ

どうせ少しくらい我慢しても意味がない、と過小評価して実行に移さないことを**ピーナッツエフェクト**といいます。ダイエットに「これだけ食べれば」とか「これだけやれば」という単一の方法はありません。あってもGLP・1という糖尿病治療薬やダイエットを謳う向精神薬などの普通の人にはすすめられないものしかありません。日々の生活をいかに「痩せる」対応にするか、なのです。

アドバイス

どんな小さなことでも、その積み重ねで効果が出ると思いましょう。ダイエットのためにやったこと、階段を1階分あがった。これまでのおやつを減らした、週2回は**湯船につかる**、スマホで毎日の歩数をチェックする、などを習慣化していくことで、ライフスタイルとして定着し、ダイエットも成功するのです。

当意即妙

【とういそくみょう】

即座に機転を利《き》かせて対応すること

すぐめげてあの頃に戻るのか

ポイント

もうだめだと思った時がダイエットの始まり

筋トレをするトレーニーは、もうできないというところまで自分を追い込むことで、効果的に筋肉をつけることができる、といいます。もうできない、という状態を**オールアウト**といいます。1回目できついな、やめておこう、では身体は引き締まりません。「少しきつい」くらいの負荷をかけての筋トレを意識しましょう。

アドバイス

ここまでハードなトレーニングをするのは大変ですが、負荷をかけないと筋力も筋量もアップしないのは確かです。ただのんびり長く歩くだけでは、脂肪は落ちるかもしれませんが、ヒップアップにはつながりません。スクワットも、少しきついな、くらいのところから始め、より時間をかけて、負荷をかけましょう。「きつい」を楽しめたらしめたもの。

疾風勁草

【しっぷうけいそう】

困難に直面した時に初めてその人間の本当の強さや価値が分かる

今日の我慢は明日の自分への投資

ポイント

筋肉は負荷をかけることで成長する

筋肉は身体の約40%。25〜30歳をピークに年々減少し、60歳ではピーク時の60%になるといわれています。

体重が変わらなくてもその分脂肪が増えている、という状態です。

筋肉は**負荷をかけて**トレーニングすれば何歳からでも増やすことができます。

張りのあるボディラインには筋肉が欠かせません。

ダイエットして痩せ細った平らなヒップで納得できますか？

アドバイス

最初からジムでマシンやダンベルを、というのは大変です。もちろんお気に入りのウエアで一念発起というのは素晴らしいですが、まずは自重でスクワットやクランチ（腹筋運動＝仰向けになっておへそを見るように上体をゆっくり上げる）、階段を1段抜かして上がる、などをやってみましょう。筋肉に張りが感じられれば効果的に負荷をかけていることになります。

雲外蒼天

【うんがいそうてん】

困難の先には明るい未来がある

体重が重いということが問題ではなく脂肪が多いことが問題

ポイント

体重にこだわりすぎない

ダイエットをしていると少しの体重の増減に敏感になりがち。お付き合いの外食もあるでしょうし、運動して汗をたくさんかくこともあるでしょう。一喜一憂していてはストレスなだけ。身体の50～60％を占める水分は運動や入浴などで短期的に減りますが、脂肪や筋肉の大幅な増減は（病気などでない限り）短期間には起こりません。あくまで摂取と消費の**エネルギーの収支**で変わるのです。

アドバイス

1kg程度の変化は普通と思い、あまり一喜一憂しないこと。1週間、1カ月の範囲で減っていればよしとしましょう。短期間の減量はリバウンドするだけ、と思いましょう。急がば回れ、結局は最後に痩せてそれを持続できればいいのです。毎日体重計に乗るのは、あくまでダイエットを意識してモチベーションを維持するためです。

諸行無常

【しょぎょうむじょう】
万物はいつも流転《るてん》し、変化・消滅がたえないこと

美味しいものは、もう一口よりももう一噛みを

ポイント

血糖値が急上昇しない食事を

食事をしてから2時間くらいで空腹感を感じたら、それは急激に血糖値が低下したせいです。

炭水化物の多い食事を摂ると血糖値が急速に上がり、それに応じてインシュリンが出て血糖値を下げます。

その増減が激しいことを**血糖値スパイク**と呼び、常態化すると脂肪肝や糖尿病などの生活習慣病の原因になります。

もちろん、ダイエットとは逆方向です。まずはよく噛むことを心がけましょう。

アドバイス

食事の時は、ごはんなどの炭水化物ではなく、野菜や肉から食べ始め、一口一口よく噛んで時間をかけましょう。血糖値の急激な上昇を抑えます。空腹時には甘いものを食べるのではなく、白湯《さゆ》を飲んだり、無塩のナッツや無糖のヨーグルトなどを選びましょう。

点滴穿石

【てんてきせんせき】

小さな努力でも積み重ねれば大きなことを成し遂げる力となる

生活は身体に出る

ポイント

デスクワークは寿命を縮める

ＷＨＯの発表では、喫煙は世界で５００万人以上、飲酒は３００万人以上の死因といわれていますが、それに迫るほどのリスクが「**長時間座っている**こと」。

「世界で年間２００万人の死因になる」という発表もあります。それに加えて、Ⅱ型糖尿病罹患率や心臓病罹患率が高いことも報告されています。

座っているだけではエネルギー消費も少なく、痩せるどころではありません。

アドバイス

30分に一度は立つことです。コピーをとりに行く、など用事を作るのが無理な場合は、その場で立って10回足踏みをするなどの工夫を。気分転換にもなって仕事の効率も上がります。家でもテレビのCFの時に立つ（スクワットすればなおよし）などマメに立つことで、腰痛や肩こりにも効果が期待でき、消費エネルギーも増えてダイエットへの近道になります。

行雲流水

【こううんりゅうすい】
執着することなく物に応じ、事に従って行動すること

ドカ食いはドカ悔い

ポイント

満腹中枢を早めに作動させる

食事を摂ると血糖値が上がり、脳の視床下部にある**満腹中枢**が食欲を抑制します。でも、その指令が出るにはタイムラグがあります。大事なポイントはゆっくり食べること。ドカ食いすると満腹中枢が指令を出す前にたくさん食べてしまうことになります。よく噛むことで咀嚼筋が刺激され、ヒスタミンが分泌されて、満腹中枢が刺激されやすくなります。

アドバイス

満腹中枢は刺激されるまでに約15〜20分かかると考えられています。どんなに空腹でも、食事の初めにまずは一口30回噛むようにすること。リズムがゆったりとして早食いを避けることができます。一度に頬張る量を減らすとより効果的です。まずは意識して習慣にしましょう。

一暴十寒

【いちばくじっかん】

少し努力しても、その後怠けては何事も成就しない

挑戦をやめた時こそ失敗した時だ

ポイント

いい眠りもダイエットの鍵

スタンフォード大学の調査で、睡眠5時間以下のグループは8時間のグループに比べ、食欲が強くなるホルモン（グレリン）の分泌が14・9％増え、満腹中枢を刺激するホルモン（レプチン）が15・5％減っていました。
また別の研究では、肥満者の割合は、**睡眠時間**が6時間未満の人で33・3％、6時間～7時間未満で28・4％、7～8時間で22％、9時間以上で26・3％となっており、寝すぎも肥満の割合が高くなっています。眠りには常に気を遣いましょう。

アドバイス

7～8時間の良質の睡眠をとるには、睡眠ホルモンといわれる「メラトニン」を分泌させること。日中少しでも太陽光を浴びることで分泌が促進されます。そして寝る前には、スマホなどのブルーライトを見ない、アルコール、カフェインを摂らない、手足が温かくなり（放熱）、深部温度が下がることで入眠がスムーズになります。習慣化が必要です。

一念通天

【いちねんつうてん】
どんなことでも一心に努力すれば、必ず成就する

人の腹見て我が腹直せ

ポイント

バンドワゴン効果を利用する

「バンドワゴン」とは行列先頭の楽隊車のこと。「バンドワゴンに乗る」とは時流に乗る・多勢に与《くみ》する・勝ち馬に乗るという意味です。

身の回りにはダイエットの情報があふれていますが、それ以上に美味しいものの誘惑の情報もあります。

きれいになる、というトレンドに乗って、まわりの友人も巻き込むことで、ダイエットの勢いをつけましょう。

アドバイス

一緒に食事をする友達が、目の前でこってりしたものや甘いものを食べていたら、自分が我慢すればそれだけストレスが増すのは当たり前。ダイエットを一緒に楽しむくらいの仲間がいれば効果大。ダイエット情報を交換し、注意しあい、誘惑に負けそうになったら、成功を目指しましょう。スイーツを食べる友達と、その前に一緒にランニングする。ジムに行くなど身体活動を増やすのもおすすめです。

切磋琢磨

【せっさたくま】

仲間同士、励ましあいながら向上する

趣味はダイエットだけど特技はリバウンド

ポイント

ゆったりとした持続が成功のポイント

毎日の生活の積み重ねがダイエット。

とはいえ、ぎちぎちの禁止事項ばかりでは、かえってストレスがたまり、もうだめと諦めてしまうことにもなりかねません。

少しは逃げ道がある計画のほうが長続きします。ダイエットの達人は必ず**チート**（**ガス抜き**）を組み込んで、ライフスタイルを確立しています。基礎代謝を下げない効果もあります。

毎日同じものを食べるのがつらいのは当たり前。うまくメリハリをつけて1週間単位で生活をコーディネートしましょう。

アドバイス

甘いものを全く食べないのではなく、計画通りのバランスのいい食事ができたら、食後に少しだけ食べる、とか。日曜日はランニングをするので、その前に、など。生活の中にうまく組み入れること。我慢している、させられているという気持ちから、ゲーム感覚でチャレンジする意識になれるようなプランを立てましょう。

仁者不憂

【じんしゃふゆう】

日頃の行いが良ければ、悩むことはなくなる

一日一身体によいこと、の積み重ね

ポイント

身体活動の消費を意識する

摂取マイナス消費で体重が増減します。身体の維持のために消費する基礎代謝のほかに、**身体活動**をいかに増やすかが必須です。NEAT（非運動性活動熱産生）という日常の身体活動の消費エネルギーを確認、メモして実行したら自分なりのやり方で記録しましょう。

スマホのアプリ利用も効果的です。女性の1日の基礎代謝は1100kcal、活動による消費は500～800kcal、が目安です。

アドバイス

体重50kgとして、10分間の消費エネルギーの目安は、立ち話7kcal、料理9kcal、ヨガ、ストレッチ13kcal、ゆっくり歩行17kcal、階段を下りる、風呂掃除、軽い体操23kcal、自転車に乗る、ゆっくり階段を上がる、ラジオ体操第一28kcal、速歩38kcal、ゆっくり水泳、強い筋トレ50kcal。これを目安に正の字で1週間に増やした消費をメモしてみては。

善因善果

【ぜんいんぜんか】

よい行いをしていれば、いずれよい結果を報いられる

一口一口、一歩一歩が未来の自分

ポイント

1時間の運動もその一口で台無しに

食べても運動すれば大丈夫、と思ってはいませんか？

消費カロリー以上に食べてしまえばダイエットはうまくいきません。

ビタミン、ミネラルなど必須な栄養素は少ないのにカロリーの高い（エンプティカロリー）食品には要注意。

20分早足で歩いても消費カロリーは100kcalもいきません。

ドーナツ一つで200kcal以上なので、完全にオーバーしています。

お腹がすいたときは思い出しましょう。

アドバイス

大好きな**お菓子のカロリー**を確認してみましょう。袋の後ろにカロリー表示があるので、一度に食べる分をノートに書いて一覧にしてみましょう。それが体重オーバーの大きな原因のひとつです。
袋にマジックで大きく書くのも効果的です。食べたい、と思った時、とにかく一瞬でも気をそらす工夫をしましょう。

勤倹力行

【きんけんりょっこう】

よく働き、つつましい生活を送り、何事にも努力する様子

何をやっても痩せられる。続きさえすれば

ポイント

計画・実行・検証

仕事でも、成功のためには必要な要素や作業を列挙し、日程を含めて計画し、実行しながら軌道修正しますね。ダイエットもそれと同様です。具体的な達成目標を決め、そのために必要なことを実行し、記録し途中経過をチェックする。文字にし、**図式化**して可視化するとより明確になります。めげたり、だれたりをストップします。

アドバイス

たとえば7月までに3kg痩せる、という数字を立てたとすると、そのために減らす食物のリストと減らす目安、増やす身体活動を書き出します。できたことも記入できるようにし、**可視化**します。最初はそれぞれ5つくらい。順調ならひとつずつ要素を増やすか、量を増やすか、で調整していきます。気を抜かず、チェックを続けましょう。

慎始敬終

【しんしけいしゅう】

物事を最初から最後まで気を抜かずに、手抜きせずやり通すこと

糖質だけを悪者にしない

ポイント

糖質は減らしてもゼロにはしない

糖質オフダイエットという言葉は聞いたことがあるでしょう。糖質を止めれば、後はどんなに食べても体重は減る、というものです。短期間で体重が減るのと、食事の量を我慢しなくていいので、取り組みやすく思えます。
一方で脳が必要とするエネルギーが不足して、集中力がなくなる、疲労感を感じやすくなる。便秘がちになる。基礎代謝が下がって、リバウンドしやすくなる、というデメリットもあります。

アドバイス

「日本人の食事摂取基準（2020年版）」によれば、炭水化物は全体の50～65%が推奨されています。糖質（炭水化物から食物繊維を除いたもの）をゼロにしようとすると、どうしても脂質を摂りすぎ、内臓に負担がかかることにもなりがちです。現代の食生活では、糖質が多くなりがちなので、減らすことは大事なことですが、極端な糖質オフはすすめられません。甘いお菓子や菓子パンは減らしても、ごはんやパンはしっかりと摂りましょう。

不撓不屈

【ふとうふくつ】
強い意志を持って、どんな苦労や困難にもくじけないさま

甘い誘惑、デブ一生

ポイント

ペットボトルの飲み物は要注意

甘いペットボトル飲料はついつい毎日飲んでしまいがち。脳は基礎代謝全体の3割を消費するので、仕事で脳をフル回転すると甘いものが欲しくなるのはしょうがないことです。飲めばリフレッシュしますが、同時に糖分も摂取することになります。

ペットボトル飲料や**缶コーヒー**などのカロリーを角砂糖の数でイメージすることで、意識的に減らしていきましょう。

（角砂糖1個のカロリーは16～20kcal）

アドバイス

コーラなど甘い飲料は500mlあたり200kcalと角砂糖10～12個分のエネルギーが含まれているものも多い。健康によさそうなスポーツ飲料も100kcal程度あるので、角砂糖5～6個分。ペットボトルのラテも150kcalで角砂糖7～9個分。食品の表示は100g単位なので、一見少なく思えるが要注意。小さな缶コーヒーでも甘いものは100kcal前後あるので油断しないで。

剛毅果断

【ごうきかだん】

意志が強く、物事を思いきってやること

本当の失敗は転んだ後に立ち上がらないこと

ポイント

運動に挫折したらウォーキングに戻る

着替えての運動は天気など環境に左右されがちです。日常の行動である**ウォーキング**や階段の上り下りはうまく増やせば効果は大きい。ヒールでは長距離はきついので、歩きやすい靴で、早足を意識しましょう。背筋を伸ばし、歩幅もできるだけ広く。ひじは直角に曲げて前後に振ります。休日は汗をかいてもいいウエアでまずは30分以上を目指しましょう。

アドバイス

厚労省の指針では、正しいフォームの**ウォーキング**は安静時の3倍のエネルギーを消費する有酸素運動の代表的な運動であり、体脂肪燃焼や体質改善、生活習慣病予防に効果的とされています。自然に足を出して着地したかかとから重心をつま先へ移動させ、最後につま先で地面を踏み込みます。かかとからつま先に自然に重心が移動することを足裏のローリングといいます。つま先で地面を踏み込む時は、足の親指から足の小指まですべての指が働くようにします。

百折不撓

【ひゃくせつふとう】

何度失敗して挫折感を味わってもくじけず立ち上がり、信念を曲げないこと

油断するな、脂肪が狙っている

ポイント

惰性になっていませんか?

これまでの太る原因を分析して、新たな食事や運動の方法を習慣化することがダイエット成功の鉄則です。でも、日々の忙しさと少しずつの妥協が続くことで、いつの間にかやめてしまったことが増え、効果が半減ということにもなりかねません。

習慣化と惰性は表裏一体。無意識に回数だけ行う運動や、いつの間にか食べるようになったお菓子など、定期的な見直しが必要です。

アドバイス

筋トレも、使う部分の筋肉を意識するとより効果が上がるといわれています。ウォーキングでもいつの間にか小股になっていたり、とせっかくの運動の効果が減ってしまうのはもったいない。食事でも、嚙む回数が減ったり、早食いになったり、とダイエットのスピードが鈍ることにもなりかねません。最初に決めた具体的な項目を再度チェックして見直し、気持ちを新たにすることが、効果を高めます。

高枕安眠

【こうちんあんみん】

気がゆるんで警戒を忘れること

人を見たらダイエットの穴と思え

ポイント

ダイエット体験記はもろ刃の剣

SNSにはダイエット情報があふれています。その中で私は1週間で3kg痩せた。半年で10kg痩せた、などの体験記も多く見られます。それを見てモチベーションを上げるのはいいのですが、そこにある体験、特にこれこれで痩せた、という**薬剤・健康食品には要注意**。会社の依頼でのPRであることも多く、そのまま購入につなげよう、という意図があるメッセージも少なくありません。

アドバイス

使用前・使用後の写真を見ると、つい頼りたくなる気持ちはわかりますが、**単品ダイエット**で一瞬体重は減っても、長続きはしません。SNSやそこに付随するPRでは、効果をうたっていて、科学的な裏付けがあるような表現がされていますが、本当に正しいエビデンスがあるかを見極めること、複数の情報をよく見比べることが必要です。「製品名　効果　副作用」などと入れて検索すると、メリット、デメリットがわかります。

他山之石

【たざんのいし】
自分に直接関係ないことでも、自分を反省する材料とすることができる

運動・食事の二刀流を目指す

ポイント

片方だけ極端は失敗の元

自分がすでに持っている先入観や仮説を肯定するため、自分にとって都合のよい情報ばかりを集める傾向を**確証バイアス**といいます。ダイエットも偏った情報を元に行っても、いい結果は生まれません。

これまでの経験を無意識に繰り返していませんか？

新しい情報を多方面からチェックし、試し、その効果を確認してください。

そこから自分に合ったダイエット法が積み重なっていきます。

アドバイス

誤解しやすいダイエット情報として、「食事の回数を減らす」「ノンカロリーならどんなに食べても大丈夫」「天然由来の甘味料は身体にいい」「デトックスのためにカフェインや小麦、乳製品は避ける」「筋肉をつければ代謝が上がって自然に痩せる」「油はとってはいけない」などどれも一理あるように思える誤解は多いので、情報を確認し、極端に走らず、バランスをとって生活してください。

文質彬彬

【ぶんしつひんぴん】

バランスよく教養と実質が備わる

いい仕事してますね、と言われたい

ポイント

成功した人のワザを盗む

アスリートやモデルの食事や運動方法をマネしたくなるかもしれません。

でもそれは遠くにそびえる高山のようなもの。

いかに自分に合った方法を取り入れ、持続するかのヒントは案外周囲の人やSNSにあるもの。

身近で、とっつきやすく共感を得やすい方法、しかもきつくなく、あまり無理なくやって、成功した友人知人を探してみましょう。

アドバイス

簡単で満足感のある作り置き総菜、一つの鍋で済む具だくさん汁、一週間の減食計画など、ダイエットに成功した人の必殺技を聞き出し、自分の武器にします。運動も24時間ジムのおしゃれな使い方や簡単家トレなど、試行錯誤を重ねた先輩ならではのテクニックを学びましょう。

西施之顰

【せいしのひそみ】

他人の優れた行動をまねる

朝メシ我慢、でも肥満

ポイント

朝食抜きは逆効果

空腹が長寿遺伝子を活性化する、という研究はありますが、ダイエットにいいかというのは別問題。

朝にエネルギー補給がないとその日の活動に支障も出るし、1食抜くことで身体に必要な栄養素が不足しがち。

その上、空腹感から炭水化物たくさんの食事や間食を摂れば脂肪蓄積へとまっしぐら。

ダイエット成功のポイントは**自律神経**を整えること。朝食はその重要な要素のひとつです。

アドバイス

朝、たんぱく質を摂ることで、体内時計がリセットされ、生体リズムが整い、健康的に一日を過ごせます。健康的な肌や髪、筋肉には一日で均等のたんぱく質を摂ると効果的。野菜サラダだけではなく、たんぱく質、動物性（肉）、植物性（豆類など）をバランスよく摂ることを心掛けて。

朝三暮四

【ちょうさんぼし】
目先についだまされること
だますこと

痩せ続けたら、寝たきりへ一直線

ポイント

ダイエット＝痩せる、ではない!?


体重が減っても、やつれて張りのない身体で身のこなしもだらだらでは本末転倒。

痩せていても、実は内臓脂肪の多い「**隠れ肥満＝サルコペニア肥満**」の女性も増えています。

ダイエットしてリバウンドを繰り返している女性に多く、生活習慣病や骨粗しょう症のリスクも増えるので要注意。

これでは衰えるためにダイエットしていることになってしまいます。

アドバイス

いくら体重を減らしても、筋肉量や骨量が減ってしまえば、年を取ってから不具合が起こりやすく、フレイル（虚弱）といわれる状態から要介護、寝たきりに進むリスクが増えます。たんぱく質、脂肪、炭水化物、ミネラルなどの基本的な栄養素をバランスよく摂取することが、ダイエットの大前提。日本の若い女性の栄養摂取は、貧しい国並みという調査も。

天長地久

【てんちょうちきゅう】

いつまでも続き絶えないこと

頑固からの脱皮、肥満からの脱出

ポイント

ダイエット情報は日進月歩

お腹をへこませたい、と腹筋運動をやっていませんか？

腹筋を鍛えても、お腹の脂肪は減りません。

内臓脂肪、皮下脂肪を減らすには、〝消費エネルギー＞摂取エネルギー〟しつつ全身を整えていくこと。

部分痩せという言葉は魅惑的ですが、確実な方法はありません。

運動や栄養の研究は進んでいるので、昔のイメージでダイエットしても効果が出ないことが多いのです。

アドバイス

昔、成功したから、と突然絶食したり、運動中に水を飲まなければ体重が減るとか、リンゴ（またはバナナ）や卵は栄養があるからそれだけでダイエットできる、など過去の情報を信じ込んでダイエットしても無駄で、かえって危険なことがあります。ダイエット情報は日進月歩、そして玉石混交なことを意識して、自分に適したダイエット法を身に付けましょう。

守株待兎

【しゅしゅたいと】

古いやり方を頑固に通すこと

今日から、今からできることから

ポイント

手抜きではなく、便利に活用

ダイエットを日々の習慣にするといっても、誘惑の多い毎日です。味方にできるものは何でも使いましょう。忙しい時はコンビニやスーパーの総菜を活用。カロリーはもちろん栄養成分も出ているので、表示をチェック。アップルウォッチなどの活動計はスマホと連動して、毎日の歩数など活動を眼に見えるようにしてくれるので、ノートに書くよりも楽だし、グラフなどで見やすいので、モチベーションも維持しやすい。できることを楽にやる工夫を楽しんでください。

アドバイス

毎日食材から何品も料理を作ることはできなくても、今はコンビニの総菜も充実しています。週末作り置きのおかずをまず、1品。そしてコンビニの総菜を1品、具だくさんの汁物を1品など、組み合わせてみましょう。揚げ物たくさんのお弁当や、麺類などは避けて、食材が多く、炭水化物が少なめのものをチョイス。惰性は失敗の元なので、自分で決めたスケジュールで再確認して、新たなメニューを加えるなど工夫をしましょう。

臨機応変

【りんきおうへん】
その場に当たり
適切な行動をとること

痩せる情熱と脂肪を燃やせ！

ポイント

急がば走れ！

痩せるぞ！　と思いたったら、運動を始めてみる。ウォーキングは生ぬるい、と気持ちが昂《たかぶ》ったら、スロージョギングがおすすめです。

実は速歩は結構大変、走り出す寸前のスピードで歩くのはきつく感じるもの。でもそのままでゆっくり走ると案外楽に感じます。それでも腿の前の大腿四頭筋、大殿筋、大腰筋などの大きな筋肉を使うので、ウォーキングの2倍のエネルギーを消費するといわれています。

アドバイス

隣の人と会話できるペースで走りましょう。歩くのとあまりスピードは変わらなくてもOK。無理なく気軽に始められるだけでなく、生活習慣病の予防・改善や脳の活性化、リフレッシュなどさまざまな効果が期待できます。まずは一日10分程度から始め身体を慣らしましょう。一日30分、週3回が最初の目標。連続した30分間ではなく、1分を30回や5分を6回と小分けでも同じ効果が得られます。

直情径行

【ちょくじょうけいこう】

感情のままにすぐに行動すること

今日はいいやも一理あり

ポイント

小さなリバウンドは気にしない

毎日の生活を計画通りにできるはずもありません。友達とごはんを食べに行くこともあるし、体調がよくなくて歩くのがきつく感じる時もあるでしょう。そんな時に無理しても、結局ストレスになって、全面的にギブアップということにもなりかねません。一日ごとの体重や、計画遂行に一喜一憂せず、1週間程度の尺度で体重が減っていれば、これまでの方法は間違っていないという判断してより改良を続けましょう。

アドバイス

会食の時は、炭水化物を少なめに、野菜を多めにと心掛ける。でもデザートもしっかり食べる。翌日は朝体重計に乗りましょう。増えていて当たり前と思い、その日は間食はもちろん、炭水化物は控えめに。体調が悪い時は、睡眠をしっかりとり、冷たい飲み物は避け、ストレッチやセルフマッサージなどで心身をいたわります。ダイエットが計画通りにならない時の対抗策、代替策を用意しておきましょう。

六根清浄

【ろっこんしょうじょう】

欲望を断ち切り心清らかに

ダイエットは情報戦

ポイント

正しい知識だけでなく、どう使いこなすか

健康情報の「入手」「理解」「評価」「活用」という４つの能力をヘルスリテラシーといいます。

ヨーロッパでの調査結果と比較すると、日本人はリテラシーが低いという結果です。

テレビの健康番組やネットの情報、日本人の寿命の長さなど、健康に関する条件は満たしていても、それを正確、確実に自分のものにできていない、ということなのです。トクホや機能性表示食品を摂って安心していませんか？

アドバイス

機能性表示食品で〇〇に効果アリとテレビで見ると、すぐ買って試してみたくなるのが私たち。テレビのCFでは文字情報が多すぎて読み切れません。研究ではそうでも、それを常用するコストや効果は考えていますか？　一日わずか〇円だからと何となく買い続けていませんか？　ダイエットに取り入れているものを一度、再チェックしてみましょう。スマホのサブスクのようにどんどん増えていませんか？

画蛇添足

【がだてんそく】

しなくてもよいことをする

いつの間にやら脂肪の塊に

ポイント

何もしなくても劣化する

普通の生活をしていても、年齢とともに基礎代謝が落ち、筋肉が減り、脂肪が増える。1㎤あたり、水は1g、脂肪は0・9g、筋肉は1・1g。同じ量でも重さが違うということは、一見ほっそりしたように見えても、実は筋肉が落ちたところにエネルギー消費が減った分、脂肪が増えたから。特に太腿は要注意。前から見て細くなった、サイギャップだ、と喜んでいると、後ろ側の筋肉が落ちてお尻が平らになっている。一方で下腹や脇腹に肉がついて、前とはまったく違うプロポーションになっていませんか？

アドバイス

いくらスマートになっても、高齢になって歩くのが困難になり寝たきりのリスクを増やしては何のためのダイエットでしょう。大殿筋や大腿四頭筋など大きな筋肉は減る量も多いので、何もしないと貧弱まっしぐら。痩せると同時にヒップアップや張りのある太腿を目指しましょう。一日数セットのスクワットから始めれば、効果は自分の目でも確認できるはずです。

刻舟求剣

【こくしゅうきゅうけん】

変化に気づかず融通きかず

何でも食べて太っ腹はだめっ腹

ポイント

あれもこれもは失敗の元

栄養も食事も多様でバランスが大事なので、多くの種類をまんべんなく、というのが基本です。

一方でダイエット法はあまり多様な方法を一度に行うとどれが効果的だったかわかりにくく、モチベーションを保ちにくいです。とはいえ単品ダイエットや、一つの器具に頼ったダイエットは、短期的にはよくても、長続きするかは疑問。自分で手ごたえを感じられるには、食と身体活動でそれぞれ３つ程度の改善くらいではないでしょうか。

アドバイス

あふれる情報から、あれもこれも取り入れるより、確実に続けられることを続けることです。朝、白湯《さゆ》を飲む、夜ご飯の炭水化物をやめる。野菜を一日5種類意識して食べる。階段を3階分上り下りする。仕事中にスクワット5回を3セットやる。遠い改札から出る。

これだけでもダイエット生活には効果的です。

唯々諾々

【いいだくだく】

はいはい、と何でも承諾する様子

痩せるも太るも腸次第

ポイント

腸脳相関

脳が身体に指令を出しているというのが常識だと思いがちですが、実は身体各部と脳は情報交換をしているという研究が進んでいます。特に**腸内細菌**の研究は目覚ましく、免疫の7割を腸内細菌がもたらしているといわれています。
ストレスが腸に影響しているのも自律神経のネットワークのため。メンタルだけでなく、肌の状態にも大きな影響をもたらしています。腸活はダイエットの大事な要素です。

アドバイス

便秘はダイエットの大敵。食事と運動で腸内環境を改善することがダイエット成功の基本です。多様な腸内細菌の集まりを腸内フローラといい、善玉菌を増やす食事を意識しましょう。食物繊維は腸内の善玉菌のエサになります。腸内細菌は多様性が大事なので、バランスよくたくさんの食材を使った食事を心掛けましょう。ヨーグルト食べてるから大丈夫、ではないのです。

百尺竿頭

【ひゃくしゃくかんとう】
修行し到達した
高い悟りで止まることなく、
その先に進むこと

足こそ痩せの上手なれ

ポイント

下半身に水がたまる

心臓から血液が全身に送られますが、下半身の血液は重力の影響で上半身よりは戻りにくい。それを助けるのがふくらはぎ。**ミルキングアクション**といい、乳しぼりのように下から血液を押し上げる働きをするので、ふくらはぎを第二の心臓と呼ぶことも。その働きが鈍いと血液からにじみ出るリンパ液が下半身にたまり、むくみの原因になります。たまった水分は片足で1L以上ということもあるそう。それだけで1kgと思うと、おろそかにはできません。

アドバイス

ふくらはぎの筋肉は歩くことで使われますが、仕事中は難しい。1時間に一度(15分、30分に一度のほうがいいのですが、せめて)立ち上がって、かかとを上げる動作を10回程度。ゆっくり行うほうが、筋肉の緊張が高まり効果的です。機会を見つけてかかとを上げましょう。夜は風呂上がりに下から上へマッサージして。翌日のふくらはぎのラインが違います。

奇貨可居

【きかおくべし】

絶好の機会は逃さない

年だから、はデブだから

ポイント

年だから、と思うだけで逆効果

自分の年齢に対して**ポジティブ**な人とネガティブな人では、歩く速度が違う、というのは何となくわかる気がしますが、けがの治る速度や記憶力にも差が出る、そしてなんと寿命が8年近く違う、という研究が注目されています。

健康だからポジティブなのではなく（相乗効果はありますが）ポジティブな思考が健康で快適な生活の基本ということが科学的に証明されたのです。年のせいと思いこまず、チャレンジを続けましょう。

アドバイス

世の中には年を取ることへのネガティブな情報があふれています。年をとると若い頃とは異なる対応＝差別（エイジズム）をされることも多いです。年だから衰えるのではなく、運動不足だから衰える。痩せないのは年のせいではなく、太る生活習慣だから、と考えましょう。何歳からでも筋肉も脳も発達するので、まずは心から痩せる意識を持ちましょう。

虚心坦懐

【きょしんたんかい】

心にわだかまりがない様子

お腹の脂肪は自分の心、ありのまま観れば

ポイント

自分の現実をあるがままに

アメリカのＩＴ企業が取り入れている**マインドフルネス**という言葉は聞いたことがあるでしょう。

「今この瞬間に意図的に意識を向け、とらわれのない状態で、ただ観ること」などと定義されもしますが、私たちは、リラックスして呼吸を整え、ストレスや不快感を和らげるための方法というところから始めるのがいいのでは。

瞑想と難しく考えず、雑念にとらわれることなく、五感に意識を集中、知覚します。

アドバイス

暑さや寒さなどを感じない場所で、椅子に座り、(床に胡坐《あぐら》でも) 目をつぶって、背中が丸くならないような姿勢で呼吸を意識します。鼻からゆっくり吸って、口からその倍くらい時間をかけて吐きます。呼吸にだけ意識を向け、他のことは考えないようにしましょう。一日1回、習慣にするだけで毎日のストレスも軽くなり、仕事の効率も上がります。

千思万考

【せんしばんこう】

あれこれと考えをめぐらすこと

身体も自在に、脂肪を解放

ポイント

インナーマッスルを強化

ピラティスは、もともとリハビリの方法として発展してきたエクササイズ。

姿勢改善、体幹部の筋力強化、免疫力アップ、ストレスの軽減などの効果があるといわれています。

個別指導でスタートするのが理想ですが、今はYouTubeなどでも入門編を見ることができます。基本の動きをいくつかマスターしましょう。一見楽そうですが、姿勢を保持するのはけっこう大変です。

アドバイス

ヨガは腹式呼吸、ピラティスは胸式呼吸といわれますが、呼吸の時にろっ骨を前後左右に広げることを意識してください。吐く時には中心に集めるように。ひとつ基本の動きを挙げるならペルビックカール。仰向けで膝を立て、呼吸に合わせてお尻を上げる。お尻→背中→胸の裏、と下から順番に身体を上げ、またその逆に戻していく。背骨のひとつひとつを意識するのが大切です。

融通無碍

【ゆうずうむげ】
とらわれずに、
自由でのびのびしていること

無駄な努力は脂肪が増える

ポイント

効果的筋トレのポイントをつかむ

ゆっくりスクワットが効果的なのは、**エキセントリック**（伸張性筋収縮）エクササイズだから。

ゆっくり膝を曲げていくことで、筋肉が収縮した状態から伸ばす動きで力を発揮させることになります。

太腿の前の筋肉を意識すれば、伸びていくのが実感できます。

筋肉を縮めるのは、コンセントリック（短縮性筋収縮）エクササイズといいます。

ジムでマシンを使う時も伸ばす動作をゆっくりと。

アドバイス

スクワットでは曲げる時はゆっくり、伸ばす時は、椅子の背につかまっている腕の力も使って上がる。そしてまたゆっくり曲げていく。腕立て伏せでも、下げていく時は胸の前の筋肉が伸びるのを意識してゆっくりと。上げる時には膝をついて上がる。ゆっくり伸ばす、補助を加えて縮める、です。

奇策縦横

【きさくじゅうおう】

意表をつく計略を自在に行うこと

痩せるつもりがああ逆効果

ポイント

腸もれはリスク大

リーキーガット、腸もれという言葉を聞いたことがありますか？腸の粘膜に穴が空き、異物（菌・ウイルス・たんぱく質など）が血中に漏れだす状態にある腸のことをいいます。日常のストレス、ジャンクフードや砂糖の入った食品の摂り過ぎ、過食などの消化不良により、腸内毒素によって腸壁の粘膜がダメージを受けることが原因とされています。血流が健康でなければダイエット成功もありません。

虚実皮膜

【きょじつひまく】
真実は「虚」と「実」の間に存在すること

アドバイス

免疫の7割を司る腸内細菌のバランスが悪化し、体調不良ではダイエットも何もありません。上記のものに加え、小麦粉や乳製品なども腸もれの原因になるといわれています。

ジャンクフードや砂糖は極力避け、パンや乳製品は、全粒粉のパンや玄米にするか、ごはんや豆乳に置き換えてみては。それで体調が変わるか観察してみてください。

呑んだ翌日、悟った自分

ポイント

アルコールは空カロリー？

お酒は**エンプティカロリー**だから太らない、ということを聞いたことはありませんか？

お酒にはアルコールや糖分はあっても、他の栄養素がないのでエンプティ(空の)といわれている上、アルコールは熱になってエネルギーとして消費されやすいので太らない、ということなのです。

ですがそこに落とし穴。体内に蓄積されている脂肪や食事で摂った糖質がエネルギー源として使われるのが後回しになる↓太りやすくなる、ということなのです。

アドバイス

たとえ少量のアルコールでも DNAを損傷して健康被害の原因になる、という研究も発表されています。厚労省のガイドライン案では、一日当たりの「純アルコール量」で、男性は10gが一番死亡率が低いといわれています、体質などによってはより少ない量にすることが望ましいとしています。ちなみにワイン1杯（120ml）に含まれる純アルコールは12g。ストロング系チューハイ（350ml）で25gです。

昨非今是

【さくひこんぜ】

過去の誤りに気づき、今になって正しいことを悟ったこと

実践編

ダイエット
サクセスノート

❖ダイエットの成功は小さな具体的な積み重ねから。

❖成功イメージを明確にし、そのためにできることを、できる限り具体的に書き出しましょう。

❖言葉で書きましょう。（形容詞でも、女優、タレントなど著名人でも）
❖雑誌の切り抜きなど、ビジュアルのイメージをコラージュしましょう。

なりたい自分のイメージを目に見えるように

❖改善しようとすることをできるだけ具体的に書き出す。優先順位をつければなおいい。

❖その後は定期的にできているかチェック。改善点を書き加えましょう。

❖「～しない」という禁止・否定語ではなく、「～する」というポジティブな言葉で。

Plan 1　食事 ➡「〇〇する」を書き出しましょう

❖着替えてする運動だけでなく、日常の動作に関する小さなことから書いてみましょう。階段を１階分上がる。30 分に一回は立って足踏みを 30 回する、など。回数は増やすことを念頭に。

Plan 2　身体活動 ➡「○○する」を具体的に

❖睡眠、入浴、ボディケアなど　食事と運動以外でダイエットによいことを列挙しましょう。

❖些細なことでも積み重ねればダイエットの大きな成功要因になります。

Plan 3	**ライフスタイル** ➡どこをどう変えるか

最後に

これを読んでいる方は、さまざまなチャレンジと戦いを経た戦士です。失敗も成功もすべて自分が生きている証です。ダイエットに成功しても別人になれるわけではありません。でもダイエットでする試行錯誤は、今後のライフスタイルを形作る大切な「気づき」になります。

一つの方法（サプリや薬も含む）で劇的に変わって、それが持続することが夢物語であることはすでに実感しているはずです。毎日の生活でいかに工夫し、楽しく続けていけるか。最初のうちはうまくいかなくても、軌道修正すればいいのです。食事、運動（身体活動）、睡眠やストレス解消法など、情報はいくらでもあります。気になったら、その情報に対する複数の評価を確認して、気軽に試してみましょう。私たちは、勝利のためにストイックな生活が必須なアスリートではありません。辛《つら》い我慢がトップにくるダイエットではなく、生活の変化を楽しみとしてダイエットを続けましょう。健診など医学的チェックも忘れずに、自分の心身と愉快に付き合っていきましょう。ネコのように柔軟に、気ままに。

参考図書

『食事と栄養の科学大図鑑』リアノン・ランバート、大久保研之、熊谷玲美　河出書房新社
『脳と身体を最適化せよ！―「明晰な頭脳」「疲れない肉体」「不老長寿」を実現する科学的健康法』モリー・マルーフ、矢島麻里子　ダイヤモンド社
『健康になる技術　大全』林英恵　ダイヤモンド社
『筋トレ革命　エキセントリックトレーニングの教科書』監修／野坂和則　坂詰真二　新星出版社
『すごい腸とざんねんな脳』内藤裕二　総合法令出版
『THE　GOOD　LIFE』ロバート・ウォールディンガー、マーク・シュルツ、児島修　辰巳出版
『老化のプログラムを書き換える！』ベッカ・レヴィ、筒井祥博、大星有美　講談社
『9割が間違っている「たんぱく質」の摂り方』金津里佳　青春出版社
『「ベストセラー健康書」100冊を読んでわかった健康法の真実』「健康書」プロ編集者の会　主婦と生活社
『LIFESPAN　老いなき世界』デビッド・A・シンクレア、マシュー・D・ラプラント、梶山 あゆみ　東洋経済新報社
『健康マニア、何が楽しい』新見正則　集英社eノンフィクショイン
『AGELESS　「老いない」科学の最前線』アンドリュー・スティール、依田卓巳、草次真希子、田中的　NewsPicksパブリッシング
『「健康神話」を科学的に検証する』生田哲　草思社
『寿命ハック　死なない細胞、老いない身体』ニクラス・ブレンボー、野中香方子　新潮新書
『BRAIN PLASTICITY　自らを変える脳の力』エリコ・ロウ　プレジデント社
『世界一シンプルで科学的に証明された究極の食事』津川友介、　東洋経済新報社
『体力の正体は筋肉』樋口満　集英社新書
『ティック・ナット・ハンの幸せの瞑想』ティック・ナット・ハン、島田啓介、馬籠久美子　徳間書店
『欧米人とはこんなに違った日本人の「体質」』奥田昌子　講談社ブルーバックス
『医者が教える食事術2　実践バイブル』牧田善二　ダイヤモンド社
『最高の体調』鈴木裕　クロスメディア・パブリッシング(インプレス)
『医者が教える最強の解毒術』牧田善二　プレジデント社
『疲れない脳をつくる生活習慣　働く人のためのマインドフルネス講座』石川善樹　プレジデント社
『やってはいけないセルフケア』財前知典　KADOKAWA
『食と医療 21号　ダイエットと栄養』講談社

『新明解四字熟語辞典』三省堂
『四字熟語辞典』学研
『デジタル大辞泉』小学館

ダイエット・モチベーション・クラブ
氾濫するダイエット情報を精査し、取捨選択し、実践するグループ。栄養、食事、運動、メンタルといった様々な面から、自分に合ったダイエット法を実践、試行錯誤を繰り返しながら、ライフスタイルに定着させるべく日々切磋琢磨している。

写真　Adobe Stock

にゃんこダイエット モチベーション ブック
一念発起《いちねんほつき》×初志貫徹《しょしかんてつ》　痩《や》せにゃいわけない辞典《じてん》

2024 年 5 月 23 日　第一刷発行

編者　ダイエット・モチベーション・クラブ
発行者　清田則子
株式会社　講談社
〒112-8001　東京都文京区音羽 2 丁目 12-21
(販売) 03-5395-3606　(業務) 03-5395-3615

KODANSHA

編集　株式会社講談社エディトリアル
代表　堺公江
〒112-0013　東京都文京区音羽 1 丁目 17-18
護国寺 SIA ビル
(編集部) 03-5319-2171

装丁・本文デザイン　太田穣
印刷　大日本印刷株式会社
製本　加藤製本株式会社

NDC593　119p　19cm　Printed in Japan
ISBN978-4-06-535390-5